东方出版社 The Oriental Press

稻盛和夫项目组

图书目录（2023.10）

我的履历书系列

“我的履历书”是《日本经济新闻》极具影响力的文化传记栏目，曾被《读卖新闻》誉为“时代的见证人”。该栏目开创于 1956 年，内容为世界杰出经营者和各界精英亲自撰写的成长经历，执笔者中有许多中国读者耳熟能详的“日本经营之圣”松下幸之助、稻盛和夫、本田宗一郎等。

扫码购买

（单本详情见第 1 页）

松下幸之助系列

2023 新书

心得帖丛书简介

为国际知名企业家松下幸之助先生于 1973 年—1984 年期间创作出版的经典作品，内容涵盖了其关于人生、职业发展、经营理念、经商诀窍等问题的深入思考和核心理念。

《挖掘天赋》

松下幸之助先生遗作、90 岁成功老人对人生的回顾与思考，凝聚一生感悟。人类就像钻石的原石，经历打磨方能闪耀。

《持续增长》

经营企业不会始终一帆风顺，外部环境时好时坏，总在变化。如何在艰难期带领企业突围和发展？

《经营诀窍》

企业经营有其内在规律，松下幸之助先生认为遵循经营的内在规律、把握其中的诀窍至关重要。

《如何工作》

松下幸之助在三部分内容中分别面向职场新人、中坚员工、中高层管理者 3 种人群有针对性地给出中肯建议。

《经营哲学》

一家企业想做久做长离不开正确的经营理念，松下幸之助指出，坚持正确的经营理念是事业成功的基础和必要条件。

《抓住商业本质》

企业要少走弯路，就得抓住商业本质、遵循基本逻辑。本书凝聚了一位国际知名企业家对商业本质和企业经营规律的深刻理解。

（单本详情见第 9 页）

扫描二维码
关注活法百万粉丝公众号
自利利他 分享活法
电话 / 微信：18613361688

扫描二维码
了解“稻盛和夫专题”

《稻盛和夫人生哲学》

稻盛和夫为何如此成功？有人从稻盛和夫的传记类作品中获得灵感，有人通过在盛和塾学习寻找成功密码，本书则是精选了稻盛和夫本人 80 则充满能量的箴言，提供给读者在职场工作、提升心灵、待人处世等人生各层面所需要的指引。

《贝佐斯创新哲学》

作者桑原晃弥从介绍贝佐斯的相关著作中，精选了贝佐斯的 80 则箴言。让贝佐斯亲身向读者诉说，自己哪些颠覆性创新指引企业成为世界电商龙头之一，他又是如何不断产生这种颠覆性理念的？本书解析贝佐斯的经营策略、领导管理、人才招募等方方面面，让读者得以窥见亚马逊在全球拓展事业版图时的操作性经验。

《松下幸之助自传》（我的履历书）

“日本经营之神”松下幸之助亲笔撰写，完整讲述其成长经历、创业和守业历程。本书鲜活呈现松下幸之助不同时期的生命状态，从日常点滴中探究一位伟大企业家的经营和人生智慧。

《大桥洋治自传》（我的履历书）

全日空社长亲笔撰写，讲述忠于一业，坚守梦想，从普通职员成长为世界 500 强企业社长的心路历程，阐释职场奋斗者该有的思维方式和活法，以获得幸福人生。

《小仓昌男自传》（我的履历书）

他是“宅急便”创始人，这一业务改变了日本人的生活方式，同时也将大和运输培育成了顶尖企业。在书中他记录了自己进入大和运输公司，成为经营者，带领企业拓展事业，经营企业的全过程和经营企业的心得与经验。本书既是作者自己成长为经营者的历程的记录，更是一本经过实践检验的经营经验的总结。

《本田宗一郎自传》（我的履历书）

日本经营之神亲笔自传，唯一权威授权。本田宗一郎讲述“化梦想为创造力”，勇于抓住时代先机，追求独创的精彩人生经历。品读本田宗一郎从手艺人成长为技术专家，再到经营者的传奇故事，获得理性思考，感性处理问题的人生智慧。

《樋口武男自传》（我的履历书）

本书由樋口武男亲笔撰写而成。本书记录了他的成长经历、进入职场的发展以及带领企业发展的历程，呈现了在经营企业的过程中，自己独特的经营理论与经验。全书洋溢着他对“职场伯乐”的感激之情和不负嘱托勇敢追梦的职场温情，阐释了职场奋斗者该有的思维方式和活法。

《土光敏夫评传》（我的履历书）

本书是依据土光敏夫的“我的履历书”写成的评传，记录了土光敏夫的成长历程，主持重建石川岛重工、东芝和在日本行政改革的历程，也记述了其修行僧式的日常生活。本书全景展示了一位经营者领袖的工作、生活、思想等，作者系统分析了土光敏夫的战略经营能力、经营中坚守的伦理观以及在工作现场的领导力。这些对如何成为一名优秀的经营者有着重要的启示。

《泽部肇自传》（我的履历书）

本书是泽部肇亲笔传记，记录了他从普通职员成长为经营者，带领公司发展的 55 年的历程。作者重点记录他阴差阳错入职，之后进入公司经营中枢跟随两位社长学习和工作的轶事和历练过程。读者能够从中感受到个人与公司风雨同舟、共同成长的美好。

阿德勒
生命哲学

80
WORDS
成就
美好人生

[日] 桑原晃弥 著
张慧 译

人民东方出版传媒
People's Oriental Publishing & Media
東方出版社
The Oriental Press

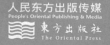

图书在版编目（CIP）数据

阿德勒生命哲学 /（日）桑原晃弥 著；张慧 译 . — 北京：东方出版社，2024.1
ISBN 978-7-5207-3468-4

Ⅰ. ①阿… Ⅱ . ①桑… ②张… Ⅲ . ①生命哲学—通俗读物 Ⅳ . ① B083-49

中国国家版本馆 CIP 数据核字（2023）第 088736 号

阿德勒生命哲学
（ADELE SHENGMING ZHEXUE）

作　　者：[日] 桑原晃弥
译　　者：张　慧
责任编辑：贺　方
出　　版：东方出版社
发　　行：人民东方出版传媒有限公司
地　　址：北京市东城区朝阳门内大街 166 号
邮　　编：100010
印　　刷：北京文昌阁彩色印刷有限责任公司
版　　次：2024 年 1 月第 1 版
印　　次：2024 年 1 月第 1 次印刷
印　　数：1—5000 册
开　　本：787 毫米 ×1092 毫米　1/32
印　　张：6.25
字　　数：105 千字
书　　号：ISBN 978-7-5207-3468-4
定　　价：54.00 元
发行电话：（010）85924663　85924644　85924641

序言
人通过努力和训练，做得到任何事

阿尔弗雷德·阿德勒（1870—1937 年）是一名奥地利的精神科医生，也是一名心理学家。他与西格蒙德·弗洛伊德、卡尔·古斯塔夫·荣格一同被称为现代心理学的奠基人。近年来，与阿德勒有关的书籍相继出版，他的名气渐渐超过了弗洛伊德和荣格。但在这之前，熟知弗洛伊德和荣格的人甚至都没听说过阿德勒的名字。

其实并非阿德勒的成就不及另外两人。心理学家阿德勒所著的《个体心理学》一书在欧洲出版后，他的多部著作在美国也成了畅销书。而且他对戴尔·卡耐基等研究“自我启发”的著名学者影响深远。

但在第二次世界大战之后，就几乎听不到阿德勒的名字了。其中一个原因是，第二次世界大战时由于德国纳粹对犹太人的大屠杀，阿德勒学派的后继者大都没能幸免。此后，阿德勒的名字好像消失在了人们的视野中，但他的学说却传承了下来，时至今日在日本仍热潮不断。由此可见，阿德勒心理学思想的根基已经相当深厚。

那么，究竟是什么原因使得阿德勒重新吸引了大批的追随者呢？或许是阿德勒的思想可以给予我们“生存的动力”吧。阿德勒提倡的不是原因论，而是目的论。他认为人无须受基因或过往的束缚，而应当自主确定目标，大胆开拓前进。

此外，他把人生的课题归纳为“工作”、“交友”和“爱”三个方面，这些都与人际关系相关。他认为，如果有勇气把这些课题琢磨透彻，就能收获成长。人类是社会型的动物，人与人之间相互帮助，弥补自身的不足，进而就可以突破个人极限。

从这种意义来说，没有人像阿德勒一样如此相信人类的可能性。

阿德勒认为：“人通过努力和训练，做得到任何事。”当今社会，有一个词叫“贫穷的循环”。确实，很多人因为贫穷而不得不放弃实现自我价值的可能性。也有人抱怨命运的不公：“要是生在有钱人家就好了”“要是什么什么就好了”，诸如此类。而越是在这个时候，信奉阿德勒的乐观主义就越显得必要。

实际上，阿德勒的言论在很大程度上可以说是理想主义。因此，有人觉得“这怎么行得通啊”。但我们不要忘了，阿德勒的思想并不是一纸空谈，都是基于他个人的亲身经历感悟出来的。阿德勒因为幼年的经历，立志成为医生，并朝着这个目标拼命努力。

数学是阿德勒不擅长的科目，但他拼命学习，最终成了最优秀的学生之一。支持他战胜软骨病的是他的父母以及身边的亲友。在大学时代，尽管他对学校的医学教育十分反感，但在与朋友长谈之后，他坚定了“成为医生”的目标。在成为医生之后，他又了解到马戏团的人是通过训练克服自卑感的，于是他结合自己开私人诊所的经历，构建了“个体心理学”的概念。

正是基于亲身经历，阿德勒的理论才如此大受欢迎吧！如今，阿德勒心理学掀起了一波热潮，它让人们开始相信“自己的可能性”。为了成为“理想的自己”而不懈地努力，还有比这更妙的事情吗?

在生存艰难的当代，丧失勇气和希望的人并不在少数。但正如阿德勒所言，我们要通过勇气和训练，勇敢面对人生三大课题，不断努力打破自己的极限。我们要相信自己潜在的可能性，也要相信周围有很多同伴。怀着这种信念，我们的人生会更加丰富多彩，也会成就一个更有价值的人生。

衷心希望本书所阐述的阿德勒思想能助力读者们改变命运，那将是我无上的荣幸。

在执笔本书的过程中，我得到了自由社（出版公司）的伊藤光惠女士、山田吉之先生和仲野进先生的鼎力相助。在此致以衷心感谢。

桑原晃弥

目录

第四章　克服虚荣心和自卑感

第五章　坚信自己“无所不能”并为之努力

第六章 失败并不可怕

第七章 人只有怀有勇气才能成长

第八章　将他人视作伙伴，生活方式就会改变

WORDS OF ALFRED ADLER

第一章

人生关键在于自己如何行动

WORDS OF ALFRED ADLER 01

关键在于自己的行动

不要考虑别人是否帮忙，

你自己应该行动起来。

致力于阿富汗复兴的已故中村哲先生［中村哲（1946年9月15日—2019年12月4日），是日本福冈市非政府组织“白沙瓦会”在阿富汗的负责人，长年在阿富汗和巴基斯坦等地开展医疗活动，2019年在阿富汗遇袭身亡。］有一句名言：“理想不是用来守护的，而应付诸实践。”

我们总是谈论自己的理想，对别人的行为妄加评论，但如果自己没有行动，就会沦为只动嘴、不行动的评论家。

阿德勒曾举过这样一个例子。一位老人在人潮中不慎跌倒，站不起来。走过的人都对倒在地上的老人视若无睹。终于，一个路人走过来搀扶起老人。就在这时，不知从哪里冒出来一个人赞赏道：“终于来了一个好人。我一直在等，看旁边有没有人过来帮忙，你是第一个啊！”

说这话的人，表面上看似乎很正直，而实际他的行为是有问题的。当看到有人需要帮助时，重要的是我们应该考虑自己是否帮忙，而不必关心别人是否行动。阿德勒如是说：

“别人帮不帮忙与你无关。你应该行动起来，不要管别人怎么做。”

毕竟，在每个人的一生中，最重要的是自己如何行动，无关他人。

WORDS OF ALFRED ADLER 02

人要朝着目标前进

如果画一条线时，

眼睛没有盯着终点，最后不可能画好。

阿德勒认为，人在采取行动之前先要设定“目标”，并且要为了达成这一目标而思考并采取行动。比如晚上一个人睡觉的小孩子哭了起来，孩子哭是以吸引母亲的注意力为目标。如果明白了目标是什么，就可以理解为什么要采取那样的行动。

阿德勒在五岁的时候就确立了自己的人生目标。在一个冬日，阿德勒与朋友出去滑冰的时候染上了肺炎。这是连医生都宣告“孩子恐怕无力回天了”的重症。庆幸的是，在父母的精心照料下，阿德勒逐渐恢复了健康。正是那时，阿德勒暗自下定决心“我一定要成为一名医生”。

在实现梦想的道路上，阿德勒也遇到了挫折，但他想要实现目标的决心丝毫不减。阿德勒正是有了目标才能不断向前，他这样想道：“如果画一条线时，眼睛没有盯着终点，最后不可能画好。”

正因为有了目标，人才能不断前进。如果没有目标，人就会失去努力的方向，自然也不知道应该如何努力了。

WORDS OF ALFRED ADLER 03

人生，因为无法预测而富有乐趣

人生蕴藏着无数挑战，

这对我们来说何尝不是一种幸运。

人们之所以对明天的事感到不安，是因为明日之事无法预测。与此同时，也正是因为期待“明天会发生什么”，人们才会对明天翘首以待。

阿德勒认为，正因为明天无法预知且不确定，人们才会关心自己的人生，对科学和艺术产生兴趣。假如所有的事都可以提前确定，明天也可以被预测，那么宇宙无非是“重复上演的剧本”，人生也将变得无聊。所以阿德勒说：“人生蕴藏着无数挑战，这对我们来说何尝不是一种幸运。人的努力和追求永无止境，不断发现新的问题，或者新的创造，也能创造出新的机会。”

正因为未来无法预测，人们才能同心协力攻克课题，促进科技的发展。

在人际关系上也是同理，因为不知道未来会发生什么才会努力去应对，要是一切都是定数就没有努力的必要了。

正因为人生是一直变化的，充满不确定性，才有活下去的意义。

WORDS OF ALFRED ADLER 04

设定对人生有帮助的目标

通过对社会作贡献，

来实现自我的目标。

阿德勒认为，人该如何生活，并不是由遗传或环境确定的，而是每个人按照自己的意愿确定目标，并朝着这个目标迈出第一步。

孩子就是这样做的。阿德勒认为，这是因为“孩子会根据自己选择的目标，沿着确定的方向努力发展”。

但需要注意的是，如果此时缺乏共同体意识（将他人视作同伴，并在其中找到自己的栖身之所。），那么好不容易确立的目标就会朝着对人生没有帮助的方向偏离。

关于想要成为医生的理由，阿德勒说：“我想和死亡战斗，杀死死亡，甚至控制死亡。”

他还补充道：“以成为医生为目标也是因为我有像神一样的欲望——主宰生和死。但要通过对社会作贡献，来实现自我的目标。”

目标分为对人生有用的和无用的。为了设立对人生有用的目标，拥有共同体意识、服务社会的意识非常重要。

WORDS OF ALFRED ADLER 05

不要等待，不要期待，行动起来

这个世界是我的世界，

不要等待，不要期待，

必须自己行动起来。

瑞典年轻的环境活动人士格蕾塔·通贝里有时发表的演讲过于激进，但却能打动人心。之所以如此，是因为她把许多人认为事不关己的环境问题，当作“自己的事”来诉说。

有些人认为，世界是无法改变的，只有政治家和企业才能对世界产生影响。而她呼吁“我们必须改变”，尤其呼吁全世界的年轻人都要行动起来。

这正体现了阿德勒的观点：“这个世界是我的世界。不要等待，不要期待，必须自己行动起来。”

阿德勒认为，这个世界并不是“完美的世界”。

在阿德勒看来，这个世界有邪恶、困难和偏见，但这个世界的缺点和优点都属于我们。正因如此，我们应该行动起来，直面课题，发挥自己的作用。

重要的是“我要行动”的念头。不要等着别人来创造更美好的世界。只有自己行动起来，才能改变世界，创造更美好的社会。

WORDS OF ALFRED ADLER

06

不要光说，而要行动

只有好的意图是不够的。

日本鹿儿岛县有一首从萨摩藩时代流传下来的《伊吕波御歌》。它由被称为岛田义津家中兴之祖的岛津忠良所作，他将人的处事生存之道寓于48首和歌当中。其中有一首和歌这样唱道："往昔的路，即使问到了唱出来了，吾不行亦无功。"大意是说，不管通过做学问增加了多少知识，也不管嘴上说得多么漂亮，如果不能把它运用到自己的日常行动中，就没有意义。

在这个世界上，有很多人嘴上说得很漂亮，却不付诸实际行动。阿德勒认为，以"我想解决人生的所有问题，不幸的是我受到阻碍"为借口的人，虽然理解了应对人生课题的必要性，但却有着错误的认识——"总感觉只要有好的意图，不去解决实际问题也没关系"。

确实，拥有"好的意图"是一件很了不起的事情，但意图只有与行动相结合才有意义。人不应该只有想法和意图，更重要的是通过行动来实现自己的意图。

WORDS OF ALFRED ADLER 07

不要踌躇，立刻决定，立即行动

犹豫不决的人会一直犹豫着，

最后什么都做不好。

在决定做什么事、买什么东西时，犹豫不决是人之常情，但也有人始终无法作出决定而一直犹豫着。

确实，站在人生的十字路口，像上哪所学校、选择哪一家公司这一类问题，确实不能轻易作出决定。

有些人会拖延作决定的时间，或是想找人替自己作决定，有些人甚至会去算命。

在这时，我们会埋怨自己的性格："为什么我就是作不了决定呢？"但阿德勒认为，犹豫和烦恼都是有理由的。理由是为了"不作出决定"。

阿德勒解释道，停止犹豫了就必须作出决定，既然决定了就只能做下去。

"犹豫不决的人会一直犹豫着，最后什么都做不好"。

和容易犹豫的自己说再见，就要"立刻决定"，决定好了就"立即行动"。

WORDS OF ALFRED ADLER 08

人生是由自己选择的

我只想问，

你想怎样落实你所作出的选择。

人生是一连串选择的过程，现在的自己是过去选择的结果。而决定目标的是自己，这与遗传或命运无关。

第一次世界大战爆发时，阿德勒作为军医被征召入伍，他回忆起一次艰苦的任务时说："我体会到了像囚犯一样的感觉。"

那时阿德勒也有一个喜讯，他儿子从维也纳大学毕业。遗憾的是，阿德勒不能在他身边庆祝，于是他给儿子写了一封阿德勒风格的信。在信中，他告诉儿子，摆在他面前值得走的人生道路有很多条，今后他得靠自己的方式构建人生。并且，阿德勒还赠予儿子这样一句话："我不会问你选择了什么道路，只想知道你将如何做你选择的事，以及想要做到什么样的水平。"

所谓人生，就是只能自己制订目标、自己作出选择，并且自己选择目标级别。人生会因为自己的一个选择而发生改变。

WORDS OF ALFRED ADLER

09

人生就是面对课题

人生中重要的是，

认真对待自己的问题，

并为解决他人的问题作出贡献。

阿德勒认为，虚荣心强的人会“不停地思考一件事是否对自己有利”，并让别人替自己承担失败的后果。

人要生存下去，就必须面对许多课题。有些课题很容易就能解决，有些课题则伴随着困难。这种时候，虚荣心强的人会把困难归咎到别人身上。

例如，他们会想，“要是接受更好的教育就好了”“要是那时没有发生那样的坏事就好了”等。

在他们的认知中，自己总是正确的，错的是别人，正是他人的错误给自己造成了麻烦。

一切都是为了将自己所谓的“正确性”正当化的借口。阿德勒警告这些人：“在人生中，正不正确并不重要。重要的是，想方设法解决自己的问题，并且为解决他人的问题起到促进作用。”

人生中不可或缺的是，认真对待自己的问题，并为解决他人的问题作出贡献。

WORDS OF ALFRED ADLER 10

一定要设立有用的目标

能否获得成功和幸福很大程度在于设定的目标。

苹果公司创始人史蒂夫·乔布斯曾说过："我从来没见过有人为了赚钱开公司，并且取得成功的。"

创业的理由多种多样，但对于以"想赚钱"为理由来咨询创业的年轻人，乔布斯总是建议"还是放弃为好"。乔布斯认为创业的"动机"很重要。

阿德勒认为，人是因为制订了具体的目标而踏出第一步，如果缺乏共同体意识，这个人就会走向"对人生没有用的一面"，反之则会向"有用的一面"发展。

阿德勒曾说："能否获得成功和幸福很大程度在于设定的目标。如果孩子的目标是对社会有用的，那他会感到满足和幸福；如果孩子的目标是对社会有害的，他可能会遭遇灾难。教师和父母应该注意孩子的目标是否合适。"

日本京瓷创始人稻盛和夫先生在作决定的时候会自问："这是善的吗？"阿德勒也认为，"善的"目标是成功和幸福的大前提。

WORDS OF ALFRED ADLER

第二章

生活方式由自己选择

WORDS OF ALFRED ADLER 11

生活方式由自己选择

每个人都有自己的生活方式，
只要通过交谈，让其回答问题，
就能预测他的未来。

阿德勒认为，决定性格的不是遗传或环境，而是自己的选择。关于性格，人们常说“与生俱来的性格是无法改变的”，但阿德勒认为，即使是天生的气质和性格也是可以改变的。为了强调这一点，阿德勒称之为“生活方式”（life style）。

生活方式是人在出生后，在应对各种各样课题的过程中，不断积累成功或失败的经验进而逐渐养成的。现代的阿德勒心理学认为生活方式在 10 岁左右就已经确定。阿德勒认为，根据一个人的生活方式，能推知他今后会采取怎样的行动。他断言：“每个人都有自己的生活方式，有时可能只要通过交谈，让其回答问题，就能预测他的未来。”

重要的不是“从哪里来”，而是“要往哪里去”。未来不是事先决定的，而是由自己选择的生活方式决定的。如果想要改变未来，就应该认识到自己的生活方式，并“从现在开始改变”。

WORDS OF ALFRED ADLER 12

不要以家族为借口，而要靠自己的努力成功

往上追溯到第五代有 64 个祖先，

一定能在其中找到有能力的人。

有一种观点认为，存在“高智商的家族”和“低智商的家族”两种类型。确实，看到连续三代都有亲属考上一流大学的家庭，很多人会想“我们家哪里比得上人家”，但阿德勒对这一观点明确地说“不”。

阿德勒认为，往上追溯到第五代有 64 个祖先，往上追溯到第十代有 2048 个祖先。在这么多人中总能发现一个非常有能力的人。

如果有一个非常有能力的人，通过继承的“传统”，也会发挥与遗传相似的效果。

“为什么一个家族能比另一个家族培养出更多有能力的人呢？”阿德勒对于这一问题的回答是：“这不是遗传，而是一个显而易见的事实。”

话虽如此，追根家族、尽找借口并不能改变“现在的自己”。也许我们做不到像歌手矢泽永吉（矢泽永吉是日本的摇滚歌手，生于 1949 年，3 岁时母亲离家出走，小学二年级时父亲去世。之后他在多个亲戚家辗转生活，年幼时生活极其穷苦凄惨。就在此期间，富裕的邻居家小孩儿对他说：“你家这么穷，连蛋糕都买不起吧。”之后他还把蛋糕扔在了矢泽永吉的脸上。经历了类似事情之后，矢泽永吉萌生了想要变强大的念头。）那样，但与其认为“那些夸夸其谈说自己很富裕的人，一定是他们的祖先中有谁功成名就了”，不如靠自己的努力，以“成为一个非常有能力的人”为目标更有建设性意义。

WORDS OF ALFRED ADLER 13

生活方式是可以改变的

意识到小时候人生战略的错误，

并加以改变，才能成长起来。

阿德勒心理学认为，人的生活方式通常是在 10 岁左右决定的，之后的人生都会按照这种生活方式生活。但是，不管在什么年龄段，人的生活方式有时会无法正常发挥作用，或者产生与自己的意图相反的结果。阿德勒列举了一个成功科学家的例子。

那位科学家虽然在 20 多岁时就取得了成功，但没多久就变得孤独而消沉。他通过孤独的脑力劳动来完成复杂的项目，不眠不休地投入研究当中，取得了成功。但他无法交朋友和谈恋爱，不知从什么时候开始还变得忧郁。因此，为了更加充实的人生，他需要一个大的转变。

改变生活方式并非易事。但是，阿德勒认为："我们只有在必要的时候意识到小时候人生战略的错误，并加以改变，才能成长起来。"

生活方式不是由遗传决定的，而是在某个时期由自己决定的。如果意识到"这样下去不行"的话，现在改变就可以了。

WORDS OF ALFRED ADLER 14

同样的经历≠同样的未来

任何经历本身都不是成功或失败的原因。

对待同样的事物，不同的人会有不同的理解。同样的经历，不同的人对事物的理解也会不同，在不同的状况下认识也会产生很大的差异。

例如，对于儿童时代的不幸经历，有些人以积极的心态看待——“学会了忍耐，明白了努力奋斗的重要性”，也有人把“人生是不公平的，所以一切都不顺利”作为借口。极端情况下，可能会有人自暴自弃，产生“报复社会”的想法。

尽管看待自己所经历事情的观点各不相同，但关键是，“任何经历本身都不是成功或失败的原因”。

阿德勒认为，人的未来不是由自己的经验决定的，而是要从经历中找出符合自己目的的部分。有些人会把童年的不幸与“努力”联系在一起，而另一些人则把它当作“懒惰”的借口。

我们虽然无法改变过去的经历，但未来并非只有一个。未来可以因为自己选择的目的而改变。

WORDS OF ALFRED ADLER 15

不要逃避，活好当下的人生

“如果”是人生的谎言和虚构。

日本有一部喜剧电影《我只是还没有全力以赴》，该片根据青野春秋的同名漫画改编。该电影讲述了一个上了年纪的大叔，半辈子都没有拿过画笔，却突然辞去公司的工作，立志要成为漫画家的故事。

尽管是毫无根据的“梦想”，但有人会说：“只要我认真，什么都能做到。”

阿德勒举了这样一个例子：有的孩子因为懒惰而不付出任何努力，对任何事情都不感兴趣，却有“想要变得优秀”的欲望，自己还会认为：“如果不这么懒惰下去的话，我也能当上总统。”阿德勒告诉我们，要摒弃“如果”的有害想法。

“他（她）们对自己有很高的评价，认为自己可以取得很多成就，但前提是‘如果’。这当然是人生的谎言和虚构。”

说“如果”的人，是想说如果认真的话就不是这样了，但说这种话的人绝对不会认真去做什么。重要的不是“如果”这种虚构的姿态，而是认真活好当下人生的态度。

WORDS OF ALFRED ADLER

16

思考“怎样才能做到”

赋予他人勇气，

通过训练，让其不再犹豫。

面对人生课题，有些人会胡乱寻找“做不到”的理由。

当自己的销售业绩没有达到预期的水平时，有些人就会说“现在的经济形势不好，业绩不可能有多好”“因为我们这个行业普遍都很困难”等，满嘴都是“因为”，只会找借口。但找的借口多么高明，都无法解决问题，目标只会离自己越来越远。

阿德勒认为，对于“嘴上说‘好，但是’，最后仍然不去解决问题的人”，适合的应对方法是“通过训练，让其不再犹豫”。

给踌躇的人赋予勇气是很重要的，不能挫伤他们的勇气。要让他们认识到“我有解决人生问题的能力哦”，并在背后推动他们。

无论是在事业上还是在人生中，面对课题时，不要把“但是”“因为”“反正”作为借口。而要抱着“我能做到”“我要做给你看”的想法，能说出来最好。因为既然说了“能”，接下来就只需考虑“怎样才能做到”了。

WORDS OF ALFRED ADLER 17

努力后的失败可成为精神食粮

懒惰中隐藏着能力不足的问题。

要想在工作和学习中取得成果，就必须付出努力，但并不能保证每次努力都有好结果。也许正是因为如此，这世上有人疏于努力，也有人不想做好充分的准备。阿德勒是这样分析原因的：

“我们可以看出懒惰背后隐藏着无意识的策略。懒惰的人就像走钢丝的人，绳子下面有网，即使掉下来，冲击也不会太大。人们对懒惰之人的批评也不像对其他人那样严厉，所以他们很少感到屈辱。”

当一个人拼命努力却没有取得预期的成果时，他会直面自己的能力不足，而懒惰的人则会给自己留条退路：“如果我再努力一点，应该能取得更好的成绩。”

“与其被人说没能力，还不如被人说懒惰。”这就是懒惰之人的安全网。

疏于努力，等于从一开始就为失败找借口。即使进展不顺利，那也是有价值的失败，让我们知道“还要多努力才能成功”。

WORDS OF ALFRED ADLER 18

不要相信占卜，看清内心的想法

为了坚定决心，

人们才制造出梦境。

虽然相信“梦境占卜”的人很多，但阿德勒断言那是“迷信”。

古希腊诗人西摩尼得斯有一次被邀请到其他国家，连船都为其准备好了，但他一直推迟出发时间。有一次，有个死者出现在他的梦中，忠告道：“希望你不要去。”第二天早上西摩尼得斯醒来后，表态道：“我决定不去了。”

阿德勒认为，西摩尼得斯并不是“因为做梦才不去”，而是从一开始就决定“不去”，只是把“做梦”作为理由而已。是先有“不去”的决定，才会产生说服自我的梦境。阿德勒断言道：“只不过是为了支持已经得出的结论，而制造了某种感情，或者说是情绪而已。”

话说，阿德勒本人在第一次前往美国之前，做了一个渡轮翻覆的不祥之梦，但梦中的阿德勒竟然游到了陆地上。即使如此，对阿德勒来说，美国是无论如何都必须去的地方。

对我们来说，占卜并不该让人“改变决心”，而是“坚定决心”。

WORDS OF ALFRED ADLER 19

信奉命运论，是对问题的逃避

命运论是一种虚假的支撑。

有些人经常把“我运气不好”挂在嘴边。这些命运论者认为，自己出生在不幸的星球上，没有什么好事发生。在阿德勒看来，这样的人会把不幸的事情当作意料之中的事情来接受，并向周围的人宣扬自己的不幸，就像悲剧里的主人公。因此，他们总认为“都怪我运气不好，人生才会这么不如意”，以此逃避眼前棘手的问题。

就连认为自己“运气好”的命运论者也一样，事情进展顺利的时候感觉良好，但一旦遇到不顺意的事就会深受打击。命运论者认为，人生就是由自己无法主宰的事情决定的。阿德勒表示：“命运论在很大程度上就是一种懦弱的逃避，逃避开展活动所需的努力。由此可见，命运论是一种虚假的支撑。”

如果人生是事先决定好的，就意味着人没有与课题斗争和努力的余地。通过认真对待人生课题，可以将不幸变成幸运，也可以让之后的人生变得更有成就。

WORDS OF ALFRED ADLER 20

与其做梦，不如全力以赴做好能做的事

在做梦和深思熟虑的时候，
时间就会逝去。

据说，拥有强烈虚荣心的人，为了持续沉迷于“我很优秀”的状态，会对“不可能实现的事情”提出要求。

例如，类似“要是以前学过的话”“要是知道的话”这种绝对实现不了的要求。此外，还会提出“如果我是男人”“如果我是女人”等不可能实现的要求，但这些都不过是“虚伪的借口”。

阿德勒介绍了出自《伊索寓言》中的一个故事。一个在国内不起眼的田径选手从海外远征回来，扬言道：“我的跳远成绩完成得比罗得岛的所有奥林匹克选手都要好。”他还补充道：“不相信的话，就去问问罗得岛的人吧。”

有人反驳道：“如果是真的话，是不需要证人的。那就当这里是罗得岛，跳吧。”

阿德勒曾言：“在做梦和深思熟虑的时候，时间就会逝去。转眼就只剩下‘已经没有展示自己能力的好机会了’这样的借口了。”

与其找一些没有意义的借口，不如全力以赴做好现在能做的事情。

WORDS OF ALFRED ADLER 21

不要只说类型，要关注个人

分类是可以利用的。

但不能忘记的是，即使类型相同，

每个人也是与众不同的。

经常会有一些人若无其事地说，“韩国人就是这样的啊”，但他们分明没有去过韩国，也不可能了解每一个人。国民性和地区性也是如此，把人分为不同的类型会让人觉得“好像明白了”，但这和理解每个人之间有很大的差异。

人们经常把人的性格分为几种类型，阿德勒也做过性格的区分，但他并不认为这是绝对的。

“分类是可以利用的，并且是必须利用起来的。但不能忘记的是，即使类型相同，每个人也是与众不同的”。

即使是出生在同一个家庭的两个孩子，也不可能在同样的情况下成长。那么，出生、成长、对事物的看法和想法均不相同的人，不可能完全符合这几种类型。所以，认为了解类型就“了解”了一切的人会犯很大的错误。理解他人的大前提不是按照类型来划分，而是了解每个人的不同，并且尊重每个人。

WORDS OF ALFRED ADLER

第三章

人生该探讨的三个课题

WORDS OF ALFRED ADLER 22

三个课题：工作、交友、爱

一切的烦恼，都属于人际关系的课题。

想必很多人都为工作中人际关系的困难而烦恼吧。

阿德勒认为，人生有三个必须解决的课题。

第一个是“工作课题”，关于如何找到作为社会的一员而生存的工作；第二个是“交友课题”，关于如何在同伴中找到自己的位置；第三个是“爱的课题”，关于男女交往和结婚等课题。

就像阿德勒指出的那样，“说到底，我们除了人际关系以外，似乎没有其他问题”。人生的课题都是与“人和人的联系”相关。

阿德勒把人与人之间的联系称为“共同体意识”，他提出不能把别人视为“敌人”，而应当作“伙伴”。只有这样，人与人之间才能合作。

话虽如此，人际关系并不总是按照理想状态发展。有时会被当作伙伴的人背叛，相爱结婚的两个人也有分手的时候。综上所述，处理好人际关系是一件非常困难的事情，人与人的交往和联系是最大的，也是最困难的课题。

WORDS OF ALFRED ADLER 23

与其追究责任，不如探明原因

愤怒是一种让人与人之间产生隔阂的情绪。

有些人失败时，就会向他人肆无忌惮地发泄愤怒。这些人一般都是地位较高的人，比如上司、老师、父母等。阿德勒指出，“愤怒是一种让人与人之间产生隔阂的情绪”。愤怒不会带来任何建设性的东西，反而只会让人与人之间的距离越来越远。

没有人喜欢被训斥。下属会疏远心情不好、总是发怒的上司，并只会看上司的脸色行事，而上司也不会接收到下属的信息。

如果想给下属和孩子适当的帮助，就应该使双方关系亲近而不是疏远。当下属或孩子犯错时，他们虽然知道自己做错了，很多时候，却不知道“该怎么办”。

这种时候最重要的不是训斥，而是告诉他们“犯了错误后，下次该怎么做”。“失败后与其追究责任，不如探明原因”是非常重要的思考方式。

WORDS OF ALFRED ADLER 24

人人平等，彼此都是同伴

要想和睦相处，

就必须把彼此作为平等的人来对待。

“人人平等”是阿德勒的基本思想。无论是父母与孩子、老师与学生或是上司与部下的关系都必须“平等”。

当然，由于职责和职务的不同，形成上下级关系是理所当然的，但如果抱有“人与人之间是平等的”的想法，那么体罚、发怒、暴力、欺凌等行为就不可能发生。

实际上，通过发怒、训斥、欺负、权力骚扰等行为是不可能建立良好关系的，反而只会使关系恶化，招致对方的怨恨，并且在精神上给对方施压。

阿德勒在养育孩子的过程中从来没有体罚过孩子。他如是说道：“要想和睦相处，就必须把彼此作为平等的人来对待。”

教师也一样，如果把孩子们视为平等的人来尊重和信任，那么不用体罚也能充分地教导和引导他们。最近在对下属的指导方面，也有人提倡要“关心部下的人格”。阿德勒认为，人是平等的，彼此都是同伴。

WORDS OF ALFRED ADLER 25

共同体意识才是解决课题的关键

完成“三个课题”的人，才能顺利地度过人生。

阿德勒认为，所有人都面临着工作、交友、爱这“三个课题”。这些课题是“永远面对我们、挑战我们、不允许我们逃避”的重要课题。

为了正确解决这些问题，共同体意识是不可或缺的。因此阿德勒指出：“人必须接受训练，以成为社会的合作成员。”

为什么共同体意识是必要的呢？例如，总是想站在别人的上面、认为自己最优秀的想法太强烈的话，在别人手底下进行需要合作的工作时就不会进展顺利，无法考虑公司和顾客的利益，也不会获得同伴的信任。

阿德勒说：“必须从事为他人的幸福作出贡献的工作，必须和他人成为挚友，必须成为在爱中真正平等的伙伴。”他还断言：“能够完成这三个课题的人，绝对不会遇到压倒性的困难。”

人只有在社会中生活并为社会作贡献，才会有成长。

WORDS OF ALFRED ADLER 26

人格攻击会破坏信任关系

赏罚必须针对成功或失败的行为，
而不能针对人格。

在公司最常见的错误之一就是在开会讨论的时候，不是针对内容，而是对人进行人格攻击，比如“我不想被你这样的人说”。

当有员工犯错了，也有人不把失败的内容和原因当作问题，而是说“所以说你不行”“反正我就知道你做不到”等否定人格的话。

人格攻击不可能产生建设性的意见，被人格攻击的一方会失去对工作的自信。大人尚且如此，更何况是被父母和老师否定了人格的孩子呢？这是多么伤人啊。

阿德勒明确地说：“赏罚必须针对成功或失败的行为，而不能针对人格。”

赞美成功、警惕失败是理所当然的事。但不管对方是大人还是孩子，绝对不能用“人格”来开玩笑。

人格攻击会破坏人与人之间重要的信任关系，让人丧失自信并招致怨恨，是毫无益处的。

WORDS OF ALFRED ADLER 27

存在有与自己不同的观点

用他人的眼睛去看，

用他人的耳朵去听，

用他人的心去感受。

阿德勒所说的共同体意识中，重要的是承认自己以外的他人的存在，关心他人并能产生共鸣。与之相对，只考虑自己的人会误认为自己是世界的中心，其他人都是为自己而活。阿德勒认为，对于这种“只考虑自己”的人，重要的是引导其“关心他人”。

例如，阿德勒对于想成为医生的孩子是这样建议的：“如果你想成为一名好医生，你除了关心自己，还要关心其他人。要了解生病的人需要什么，你就要和他们成为好朋友，不要太考虑自己。”

话虽如此，关心他人是一件很难的事情。人总是只从自己的角度来看待他人。即便如此，要知道自己的看法和想法并不是“唯一绝对的”，可以通过思考“这个人在这种情况下会怎么做”，进而更加理解他人。这就是阿德勒所说的“用他人的眼睛去看，用他人的耳朵去听，用他人的心去感受”。

WORDS OF ALFRED ADLER 28

只有相互协助，才得以成长

在组织良好的社会中，

人们可以相互弥补能力的不足。

人无完人，也不能期待社会上所有人的能力和可能性都一样。每个人都有自己擅长的一面，也有不完美和弱势的一面。

因此，阿德勒认为正因为人无法独自面对困难，所以才会被驱使在社会中生存，而不是作为孤立的个人。

“在孤立的状态下能力欠缺的人，在组织良好的社会中，能力的不足可以被弥补”。

据阿德勒所说，有力量的狮子和老虎即使孤身也可以活下去，但没有力量的动物只有集体战斗才能保护自己。

人也是同理，正因为无法独自生活，才要经营社会生活，社会生活对克服人的无力感和自卑感有很大的帮助。

每个人都有擅长和不擅长的地方，正因为如此才需要好的伙伴和朋友。当你找到可以互补的对象时，你将获得巨大的成长和成功。

WORDS OF ALFRED ADLER 29

有时要有“被讨厌的勇气”

好朋友是不怕惹怒对方的。

也许是日本橄榄球代表队的“one team”入选了 2019 年的流行语大奖的缘故，有些人动不动就强调“团队合作”。

橄榄球中的团队精神确实很重要，但不能忘记的是，橄榄球中的团队精神与单纯的“友好俱乐部”不同，是在认真竞争、互相提议的过程中产生的。

这也适用于日常的人际关系。阿德勒是这样评价“好朋友”的：“这个人是一个好的朋友，他不怕惹怒对方，且一直关心着对方的幸福。”

让别人生气绝对不是什么好事，但也不能不管朋友有没有做错，只因为“说了这样的话会惹怒你”“说了这样的话会被讨厌”而只顾着看别人的脸色。如果不给予适当的建议，那么这段关系就不能算是良性的友好关系。

好朋友有时也是严友。在工作中，一味“和平相处”不会有任何益处，只有能够畅所欲言的团队才能取得成果。

WORDS OF ALFRED ADLER 30

区分“自己的课题”与“他人的课题”

与雨作斗争是白费功夫，

不要把宝贵的时间浪费在与雨作斗争上。

说到“与雨作斗争”，可能有人会想“这到底是在说什么”。其实，阿德勒说的是“课题分离”。

例如，因为突然下雨而感到困扰的时候，我们能做什么呢？为了不被雨淋湿而撑伞，没有伞就去买一把或者打车，这些都是“现在的自己能做到的事”，但“让雨停”和操控天气这种“和雨作斗争”的事情是无法做到的，我们不是诸葛孔明。

也就是说，面对课题时应该做的是自己能做的事，现在能做的事。阿德勒指出，要专心于自己和眼前能做的事，而不应该插手自己无法处理的“他人的课题”。

阿德勒认为，人际关系纠葛的原因来自擅自干涉别人的课题，或是他人干涉自己的课题。

重要的是要分清“自己的课题”和“他人的课题”，并且只专注于自己面对的课题，否则就会把宝贵的时间浪费在“与雨作斗争”这种无益的事情上。

WORDS OF ALFRED ADLER 31

不论多少岁都可以挑战

以不擅长为理由逃避英语演讲，

就相当于逃避人生的课题。

在人生 100 年中，几乎所有人都会迎来第二次、第三次人生，因此我们会面临前所未有的挑战。

阿德勒 1870 年 2 月 7 日出生于奥地利，作为一名医生活跃于奥地利，并致力于确立“个体心理学”。不久，他在奥地利声名远扬，甚至还传遍了欧洲和美国。1926 年，阿德勒第一次前往美国。对于来自历史悠久的欧洲的人来说，美国是一个不同的地方，但据说阿德勒每次访问美国都对这个国度深深着迷。

但阿德勒为了在美国开展活动，必须克服英语的问题。当时，50 多岁的阿德勒每天都去上课学习英语。

理由是如果“因为英语水平不高而不能用英语演讲”，就和那些为了逃避人生课题而以生病为借口的人一样。最终，阿德勒主张“任何人可以做任何事”的乐观主义被美国人所接受。人无论多大年纪，都可以改变自我，挑战新事物。

第四章

克服虛荣心和自卑感

WORDS OF ALFRED ADLER 32

比“昨天的自己”更加优秀

就算他人比你优秀也不要担心。

有人在把自己和他人进行比较的时候，会感到失落。

正如“琢磨切磋”一词，优秀对手的存在是对成长的巨大激励。当知道别人比自己优秀时，如果觉得“反正再怎么努力也没用”“不管再怎么努力也赢不了”，进而放弃努力，这是一个很大的问题。

阿德勒以游泳为例激励孩子，最开始每个人都游得不好，学好游泳是需要花时间的。

万事开头难，但是过一段时间就会顺利很多。要集中精力，咬牙坚持下去。就算他人比你更加优秀也不要担心。

每个人变优秀的速度都是不一样的，不管他人是否比你优秀，其实都和你没有关系。你要做的只是不断努力提升自己的实力，而不要与他人作比较。

不要总想着和其他人作比较，致力于眼前的课题才是最重要的。最终，“做不了的事情”也会变成“擅长做的事情”。只有这样，和他人的比较才能成为对成长有益的精神食粮。

WORDS OF ALFRED ADLER 33

要想收获好评，就要通过行动来争取

不通过自己的成就，

而通过贬低他人的价值来体现自己的卓越，

这是软弱的征兆。

有些人明明自己没作出什么成果，却对其他人的成果说三道四，这样做别人绝对不会对其有更高的评价。

有一次，阿德勒和另外一个心理学家在一起，一个青年走过来讥讽道：“我知道你们两位绅士都是心理学家，但恐怕你们俩谁都说不准我是个什么样的人。”

这个青年并没有什么特别的能力，却怀着优越感质疑两位心理学家“做不到”。他的态度极具挑战性，充满了贬低对方价值的恶意。

阿德勒将这样的轻蔑和侮辱称为“价值降低倾向”，指出这是自卑感和虚荣心所造成的。

“不通过自己的成就，而通过贬低他人的价值体现自己的卓越。这是软弱的征兆”。

如果你想获得名声，就不要去贬低和指责别人，而应该通过实际行动提高自己的价值。消极的行为反而会降低别人对你的评价。

WORDS OF ALFRED ADLER 34

不该有嫉妒的情感

不是感到“羡慕”，

而是“眼红”的嫉妒之心，

对人生是没有益处的。

每个人都有自卑感和嫉妒心。世上总会有比自己更优秀、更有天赋的人，和这些人比较，会感到悲伤和痛苦，也是人之常情。

关于这种嫉妒的感情，阿德勒如是说道："些许嫉妒的感情不会有害，这是正常的事。"但要防止嫉妒心向有害而不是有益的方向发展。他补充道："不是感到'羡慕'、而是'眼红'的嫉妒之心，对人生是没有益处的。"

"羡慕"和"嫉妒"看似相似，实则不同。"羡慕"是指看到比自己优秀的人，会想着"我也想成为那样的人"；"嫉妒"则伴随着对优秀的人的"嫉妒"和"怨恨"等负面情绪。如果看到谁都很嫉妒，那就需要引起重视了。

如果和别人相比感到"低人一等"，那就说明自己还有很多待解决的课题。只有意识到这一点才能成长起来，保持努力前进的姿态是很重要的。

WORDS OF ALFRED ADLER 35

比起遗传，生存方式更能决定才能

才能并不是单由遗传决定的，
而是由勇气和训练所决定。

如果像遗传一样，仅靠天资就已经决定了人生，那么只有天才的父母才能生出天才的孩子。

阿尔伯特·爱因斯坦因为提出相对论而闻名于世，有人问他："你是从父母的哪一方中继承了科学的才能呢？"他回答道："我没有什么特别的才能，只是有异常旺盛的好奇心。所以这与遗传无关。"

爱因斯坦的家族里没有一个科学家或者学者，母亲对他的教育也没有很上心。据说他的天才是由从小就有的好奇心和叛逆心培养出来的。

阿德勒并不否定与生俱来的才能和遗传带来的影响，但他认为，孩子可以通过勇气和训练掌握应对人生课题的能力，从而能够打破限制。

在认为自己没有能力并怀有强烈自卑感的人当中，有通过努力取得成功的人，但也有相信自己天生没有能力，进而懈怠努力的人。

为了不把自卑感当作"逃避"的理由，要相信阿德勒所说的"胚珠（受精后形成种子）和血液中都不存在自卑感"这句话，并坚定地努力下去。

WORDS OF ALFRED ADLER 36

坚信自己“一定能追上”

最大的问题在于低估自己，
感觉自己“追不上了”，进而放弃。

在世界范围内活跃的日本籍网球选手锦织圭在13岁的时候加入了美国尼克·波力泰利尼网球学校，据说他连续输了两年。一般人可能会感到泄气，但锦织圭认为："因为总是失败，更让我感到努力的必要性。"于是从第三年开始，锦织圭实现了飞快的进步。

对锦织圭来说，失败是成长的激励因素。但对有些人来说，失败则让他们低估自己，产生"已经没办法获胜了""绝对赶不上了"这类丧气的想法，在不知不觉中陷入恶性循环。对于这种行为，阿德勒明确地说："不可如此。"

阿德勒认为："最大的问题是低估自己，感觉自己'追不上了'。实际上并不是这样的，还是可以追赶上的。"

阿德勒认为正常的孩子，也就是有勇气的孩子，无论遇到什么事都能挽回，打破落后的局面。

无论在工作中还是运动中，为了获胜绝不能低估自己。重要的是抱有"总有一天我会赶上的""总会获胜的"这种强烈的欲望。

WORDS OF ALFRED ADLER 37

比起他人的眼光，要更相信自己

如果比起“实际上是怎样的”，

更在意“别人会怎么想”，

那将会轻易地迷失自我。

有些人在想着“自己是自己，别人是别人”的同时，又非常在意别人对自己的看法或者上司和同事对自己的评价。

当然，如果知道自己得到了很高的评价就会非常开心，反之则变得很沮丧。

更有甚者，虽然自己决定了“就这么做吧”，但又顾虑“我不想被别人说什么”“要是被上司和部下讨厌了就麻烦了”。到最后，本来应该说的话、应该做的事通通都没有实现。

如果只在意自己给别人留下了什么样的印象，别人是如何看待自己的，那么眼下本该做的事都将无法做到。阿德勒指出：“如果比起‘实际上是怎样的’，更在意‘别人会怎么想’，那将会轻易地迷失自我。”

为了不丧失自我、做好该做的事，要学会不太在意他人的评价，而应该只把它们当作“外在的评分卡”。要有勇气相信，重要的是经过自己的思考、自己决定的“内在评分卡”。

WORDS OF ALFRED ADLER 38

相信“自己有价值”

人只有相信自己有价值，

才会鼓起勇气。

当被问到“你喜欢自己吗”的时候，有多少人会回答“喜欢”呢？其中也有人把“像我这样的人”挂在嘴边，对自己“没有自信”。

阿德勒认为，人，特别是孩子，想要回避人生课题的时候，不仅是因为课题本身很困难，更因为他们觉得自己“没有价值”。其实，孩子认为“自己没有价值”是有原因的，阿德勒列举了一个少年的例子。

这个少年成绩不好，被认为是个懒惰的人，和同年级的孩子相处得也不好。阿德勒调查了这个总被捉弄的 12 岁少年的成长经历后发现，不论是在家庭还是学校，少年都被拿来和优秀的哥哥比较，他被强烈的自卑感折磨着，一直认为自己“没哥哥有价值”。

但实际上，当这个少年有了自信之后，就成了和同学一样能够坚持下去的正常孩子。

正如阿德勒所说：“人只有相信自己有价值，才会鼓起勇气。”为了挑战课题，我们需要的不是和别人比较，而是发现“自己的价值”。

WORDS OF ALFRED ADLER 39

溺爱不能带来任何益处

任何人都知道溺爱影响成长。

尽管如此，谁都乐意成为溺爱的对象。

相信不少人都有过这样的经历，当父母对升学或者就业问题唠叨不断时，自己心里会感到“很不耐烦”。

事实上父母生活的时代和现在的时代有很大不同，对学校、受欢迎的企业和职业的看法都发生了很大的变化。引起冲突的一个原因可能是，父母仍然以他们那个年代的价值观来评判现在的事。

站在父母的立场上，想为孩子的幸福尽自己所能，积极参与孩子的考试和求职活动，这样的心情也不足为奇。话虽如此，如果这样的心情过于强烈的话，就成了过度的干涉和溺爱，有碍于孩子的自立。

实际上，溺爱的危害是很大的。为什么很多人都知道这种危害，却还不能停止溺爱这种行为呢？阿德勒的分析如下：“任何人都知道溺爱影响成长。尽管如此，谁都乐意成为溺爱的对象。”

孩子无法把自己的人生全权交给父母，父母也无法对孩子的人生负责。无论是对父母，还是对孩子来说，“过好自己的人生”比什么都重要。

WORDS OF ALFRED ADLER 40

过好自己的人生

虚荣心会妨碍人类一切自由的成长。

每个人都希望得到别人的认可和欣赏。

但阿德勒认为，表露虚荣心会给人留下不好的印象，所以大部分人会隐藏起自己的虚荣心。而有些人有非常强的虚荣心，他们毫不在意别人的评价，直接表露出对某种东西的贪欲。

虚荣心一旦超过了一定限度，就会只关注如何做才能得到别人的认可。而且如果只采取对自己有利的行为，“就会忘记人生的要求是，作为人，如何对社会作出贡献”。

另外，也有人离开工作这个大竞技场，在“第二战场”——网络世界中充当“伪现充”（伪装现实生活充实的人）。

对这种虚荣心太强的人，阿德勒发出警告：“虚荣心与其他不良品德不同，会妨碍人类一切自由的成长。”

人生该如何过的决定权本应在自己手里，但如果过于在意“别人的评价”，就会把决定权交给别人。过好自己的人生才是最重要的。

WORDS OF ALFRED ADLER 41

不要看上去强大，而要真正长大

虚荣心特别明显的人自我评价较低。

当人们觉得自己不完美的时候，就会不满足于“真人大小”的自己，会为了“超越他人”而“长高”，或者“踮起脚尖”。

在学校上课时，一名10岁的少年因为多次向老师扔黑板擦而被训斥，阿德勒为此对其做了心理咨询，他发现这个少年身材矮小。阿德勒说：“这样的身形对于10岁的孩子来说，是不是太小了？”闻言，少年生气地瞪着阿德勒。阿德勒毫不在意，继续说：“你看看我，虽然已经40岁了，但看起来个子也很小。我们虽然个子小，却必须证明自己已经长大。所以你才会向老师丢黑板擦。是这样的吗？”说完，他踮起了脚尖，随后再放下。

身材矮小的少年为了向老师证明自己已经长大，向老师丢黑板擦。为此，阿德勒说道：“可以推测，虚荣心特别明显的人自我评价较低。”

人在觉得自己没有别人完美的时候，即使自己比别人更优秀，也会踮起脚尖。但实际上我们需要的不是“踮起脚尖”，而是为了克服自卑感作出有益的努力。

WORDS OF ALFRED ADLER 42

因为无知，所以求知

科学的进步基于“不知道”的自卑感和“想知道更多”的优越性追求。

阿德勒认为，追求优越性是人类的普遍欲求，而自卑感也会成为人类进步的原动力。

自卑感总是给人一种不好的印象。但通过与他人比较，努力想办法弥补“不足的部分”，人是可以成长的。或者通过比较“理想的自己”和“现在的自己”而了解其中的“差距”，也能对成长产生巨大刺激。

阿德勒认为自卑感也是推动科学进步的原动力，他说：“只有在人们意识到自己的无知，以及需要为将来做准备的时候，才有可能实现科学的进步。这是为了改善人类的命运、更多地了解宇宙、更好地控制宇宙而努力的结晶。我认为人类的所有文化都是基于自卑感。”

阿德勒认为，“不知道”的自卑感和“想知道更多”的优越性追求，才是人类成长和社会进步不可或缺的。

WORDS OF ALFRED ADLER 43

以“无所不知”为耻

拥有极大的优越感，

认为自己什么都能做到的人，

什么都不想学习。

“当你觉得自己无所不知的时候，其实就是已经死了的时候”。这是被誉为“摔跤之神”的著名摔跤选手卡尔·库奇的名言。

武术的深奥之处就在于越学越发现自己学艺不精，就像哲学家苏格拉底所说：“在深谙自己的无知这一点上，我似乎比他们更有智慧（无知之知）。”

阿德勒认为，一个人要想持续成长，就不能缺少“自己还差得远”的这种意识。与此相反，认为“自己很厉害”的人则不能获得持续成长。

“假设有个人拥有极大的优越感，坚信没有自己做不到的事情。他深信自己什么都知道，所以什么都不想学”。

这些拥有强烈优越感的人什么都不想学习，因为认为“自己是最棒的”，所以坚信“不可能失败”“不可能输”，但大多数只能以收获“悲惨的结果”告终。

人只有知道自己的不成熟，在真理面前保持谦虚，才能不断学习、不断钻研。

WORDS OF ALFRED ADLER 44

持有者是有义务的

人因为贪欲不愿奉献，

却会为了保护微薄的财产而在自己周围筑起高墙。

阿德勒认为，破坏人际关系的因素中，除了虚荣心和嫉妒心外，贪欲（吝啬）也是其中之一。据阿德勒所说，所谓贪欲不仅限于存钱这一行为，容不得他人幸福也是贪欲的表现和问题所在。

“人因为贪欲不愿为集体和他人奉献，却会为了保护微薄的财产而在自己周围筑起高墙”。

美国历史上积累了庞大财富的约翰·洛克菲勒，在 53 岁的时候已经病入膏肓。明明每周有 100 万美元的收入，医生却只允许他吃每周 2 美元的饭菜。这是因为多年来他过着“钱、钱、钱”的生活。

在当他开始从事慈善活动的时候，身体状况就慢慢好转。于是，洛克菲勒决定改变后半生的生活，把慈善事业作为自己的追求，还收到了很多人的感谢，最终在 98 岁时与世长辞。

拥有金钱和权力的人有着“持有者的义务”。阿德勒自己也不是“会存钱的人”，而是会毫不吝啬地给予他人包括思想在内的所有东西。这样一来，人就不会在周围筑起障碍，而是与他人共同生活。

WORDS OF
ALFRED ADLER

第五章

坚信自己『无所不能』并为之努力

WORDS OF ALFRED ADLER 45

关键在于持续努力的才能

任何人都可以做成任何事。

阿德勒认为，人不受才能和遗传的影响，都可以做成任何事。当然，需要为此付出努力。阿德勒曾说："只要不是无论如何都无法达成的目标，最终还是可以实现的。"

之所以这么说，是因为阿德勒有自己的成功经验。孩提时代，阿德勒因不擅长数学而留级，但他在父亲的鞭策下努力学习，最终成为全校数学最好的学生之一。所以阿德勒坚信"有些人拥有特别的才能和天赋的理论站不住脚"。

另外，阿德勒的二女儿亚历山德拉对数学有恐惧心理，但在阿德勒的鼓励下她也取得了数学第一名的成绩，阿德勒再次确认了"任何人可以做成任何事"的想法。

根据"一万小时法则"，人通过一定程度的持续学习能达到相当高的水平。因此，"持续努力的才能"比"与生俱来的才能"更为重要。并且，最重要的是坚信只要不断努力，绝大多数事情都能办到。

WORDS OF ALFRED ADLER 46

运用好被赋予的东西

重要的不是你被赋予了什么，

而是怎样运用你被赋予的东西。

如果一个人的人生全凭遗传决定，那么一切努力都将失去意义。不论怎样努力都无法突破自己的界限，因为一切早已注定。当然，这种说法很荒谬。

某位运动员说过：“才能是由生活方式决定的。”早熟的天才如果只依赖才能，从某个阶段开始就会停止成长，被小时候没怎么努力的天才赶超。阿德勒说：“重要的不是你被赋予了什么，而是怎样运用你被赋予的东西。”

阿德勒在很小的时候就克服了被称为“软骨病”的器官缺陷症。健康的哥哥能够“奔跑跳跃，自由自在地运动”，但阿德勒“做什么动作都要付出很大的努力”。尽管如此，在父母和周围人的帮助下，阿德勒在广阔的草地上和朋友们玩耍，渐渐完全好转。

不要以遗传或环境等为理由给自己划定界限。而要思考，如何使用包括缺点在内的被赋予的东西。这样一来，人就能超越界限。

WORDS OF ALFRED ADLER 47

轻松的路，容易失去成功

大部分没有经过努力而获得的成功都难以存续。

曾入选过日本职业棒球名球会的前投手以下坠球最为擅长。年轻时他凭借球速轻松赢过球，但不久之后，他觉得有必要学习新的变化球。

于是他去请教了一位前辈，但这位前辈并没有教他。所以他只好自己练习，花了三年时间，在不断试错的过程中掌握了变化球。

一开始他还觉得不满，“如果他教了我的话，我就会轻松掌握了”。但过了一段时间，前辈对他说：“幸亏你有不断试错和思考的过程，才掌握了谁都投不了的球。”

通过他人指导而轻松掌握的球技不过是模仿，经过自己思考悟出的技法才是珍贵的财富和有力的武器。

大部分人都希望自己“轻松获得成功”。但阿德勒认为，缺乏努力的成功通常有一个特征：“大部分没有经过努力而获得的成功都难以存续。”

重要的是比起获得成果，更要有勇气和毅力，继续坚持努力。虽然不能确保绝对能成功，但至少能保证自己是走在通往成功的道路上。在这一过程中获得的自信，将会成为撑起整个人生的武器。

WORDS OF ALFRED ADLER **48**

不要过度教导，让对方独立思考

不应该扼杀自立心。

正如父母过于照顾孩子，就难以培养孩子的自立心一样，上司在工作上教导过多、指示过细，也会剥夺部下思考的能力和自立心，这是不利于部下成长的。

剥夺员工“思考能力”和“自主性”的方法其实很简单。让所有工作都按照公司制定的工作手册进行，对于“这样做怎么样”的改善提案，只要回答“不要做多余的事情”来驳回就可以了。

相反，如果想发展“思考能力”和“自主性”，上司不应该直接告诉员工解决问题的方法，而应该经常让他们自行思考，在下达指示时也要运用智慧。

从育儿的角度也能理解这一点。父母和祖父母过于溺爱孩子，为了让孩子避免失败，很多事都提前替他们做好，这样孩子就会丧失“自己做”的欲望。

因此，正如阿德勒所说：“父母要深思熟虑，不要扼杀孩子的自立心。”不论是在商务活动上还是在育儿上，绝不能让善意妨碍了自立心的发展。

WORDS OF ALFRED ADLER 49

相信“我能比现在走得更远”

大多数人都能走得比现在更远。

不仅限于孩子，每个人都要有应对问题的勇气。为了让自己不怕失败继续挑战，勇气也是不可或缺的。

如果相信自己是有价值的，相信自己能做到的话，就能应对困难。相反，如果勇气受挫，就会逃避问题。

人如果总是被训斥，就会觉得自己一定会失败，进而感到人生的艰难，最后变得胆怯。

在一次演讲中，有位参会者问阿德勒："是要教导孩子老实本分，还是教他们有自己的主见呢？"

对此，阿德勒是这样回答的："如果孩子过于骄傲，我们需要修正'轨道'。但如果孩子的勇气受到打击，那就无法挽回了。维也纳马戏团有一句古老的谚语：'驯服狮子不难，但有人能让它像小羊一样叫吗？'"

阿特勒主张："大多数人都能走得比现在更远。"但要记住，绝对不能挫伤勇气。

WORDS OF ALFRED ADLER 50

小小的自信也能带来成长

最大的帮助就是“让他们对自己的能力有自信”。

有时，年轻时听到的一句话就成了人生的支柱。

在悉尼奥运会女子马拉松比赛中荣获金牌的高桥尚子，大学毕业时的竞技水平还没达到让“星探”来主动邀请的地步，所以她想请 Recruit 跑步俱乐部的教练小出义雄来指导自己，并自费参加集训。

一开始教练并没有对她抱多大希望，但他看到高桥的跑步姿态非常出色，就小声说：“你跑马拉松的话一定能成为世界第一。”高桥并没有把这句话当真，但这给了她自信。小出教练是让高桥最开始拥有“小小自信”的人。

阿德勒认为，能对孩子成长有最大帮助的就是“让他们对自己的能力有自信”。

对孩子来说，自信是最大的宝物。在工作上重要的也是“小小成功”的积累。

有些人就是在小小的成功中获取了“我果然可以做到”的自信心，进而获得了惊人的成长。在育人方面最重要的就是让他们有“最初的自信”。

WORDS OF ALFRED ADLER 51

告诉他们“应该怎样做”

必须放弃法官的角色，

发挥同伴和医生的作用。

在丰田汽车公司，有句话叫“不要做诊断师，要做治疗师”。即使了解实际情况后指出“这里不好，那里有问题”，情况也不会因此变好。

重要的不仅仅是诊断，而是实际调查“为什么会有问题”并进行改善，这是让情况变好的治疗。

但在这个世界上，有些人会不停地指出部下“这个不行，那个不行”，还会严厉地说“你再上心一些啊”“这样做的话就没用了”之类的话。

事实可能正如指出的这些问题一样，但关键不是指出问题和进行惩罚，而是给出“怎样做才能变得更好”这类“修正性”的反馈。

阿德勒认为，在治疗酗酒方面，无论怎么说教和惩罚都没有效果，而要分析他们的生活方式，并对此进行矫正。

真正的治疗“必须放弃法官的角色，发挥同伴和医生的作用”。

惩罚虽然轻松，但只不过是没有意义的对症疗法而已。

WORDS OF ALFRED ADLER 52

日日变化，日日进化

生存即进步。

阿德勒认为，每个人都是为了追求“优越性”而行动。

一开始谁都处于无力的状态，为了摆脱这种状态，每个人都有自己的目标，希望自己成为一个优秀的人。这是在每个人身上都能看到的普遍欲求，“人的生活基本上都会沿着这个活动，从下向上、从负到正、从失败向胜利前行”。

但是，阿德勒认为“其中没有优劣之分”。他说：“每个人追求的方法都不一样，每个人都有自己独特的失败，也有自己独特的道路通向成功。”

总之，达成目标没有优劣之分，也没有谁快谁慢之分。阿德勒认为，每个人都有各自的目标，从各自的起点前进，有些人进度快，而有些人进度慢。

重要的是“生存即进步”，每天都要慢慢改变，持续进步。

没必要和别人比。与昨天的自己相比，今天的自己哪怕只是前进了一点点也足够了。

WORDS OF ALFRED ADLER 53

不要放弃未来，而要改变未来

即使现在是困难的，

未来也不一定会困难。

未来是可以改变的。

在人生中遭遇重大失败后，有些人会感到绝望：“啊，不行了，这样下去再也不能抱有希望了。”

阿德勒非常讨厌这种“忧郁的预言”。有一次，一个精神科医生为患有精神分裂症的少女诊断，当他对少女的父母说“已经没有康复的希望了”的时候，阿德勒问这个医生：“听好了，我们医生怎么能对他们说这种话呢？谁能知道以后会发生什么呢？”

医生说的话都是经验之谈，但这种“阴郁的预言”与阿德勒对患者负责的护理是不相容的。

阿德勒见过很多普通人从年轻时起通过努力克服了天生的虚弱。在阿德勒看来，未来并不是一成不变的，而是可以自己改变的。

未来并不只是现在的延长线。只要改变现在，就一定能改变未来。

所以无论如何都不能因为“阴郁的预言”而放弃未来。

WORDS OF ALFRED ADLER 54

不要对过去的事感到遗憾，应该向前看

以进步为目标努力下去，

比探索过去的乐园更好。

阿德勒心理学的特征是着眼于“未来”而不是“过去”。

有些精神科医生和心理咨询师会从来访者的过去寻找他们遇到困难的原因。他们从过去的事情中寻找现在的原因，让来访者回想起之前没有注意到的事情，告诉他“这不是你的错”，这样一来，一直在自责的咨询者就会感到宽慰。

但阿德勒认为，光是搬出过去的事情是解决不了问题的。因为就算过去的事情导致了现在的事情变得困难，我们也无法追溯到过去改变当时的事。而更应该思考从现在起能做些什么，哪怕能取得一点点的进展也好。

“以进步为目标努力下去，比探索过去的乐园更好”。

每个人在过去都经历了很多，其中有好的经历也有不好的经历。即便这些就是造成当下困难的原因，比起回首过去感到懊悔，不如面向未来改变“现在的自己”。

WORDS OF
ALFRED ADLER

第六章

失败并不可怕

WORDS OF ALFRED ADLER

55

不要因失败而懊恼，积极迎接下一次挑战

即使在困难的状况下，

乐观主义者也坚信能够弥补错误，

并保持冷静。

阿德勒根据如何面对困难，将人分为三种类型，即“悲观主义者”、“乐天主义者”和“乐观主义者”三种。

悲观主义者一遇到困难就认为自己无能为力，抱着一种放弃的心态不采取行动。乐天主义者则认为无论发生什么事情自有办法解决，所以不愿意采取行动。乐观主义者虽然不可能解决所有的课题，但他们不会什么都不做就放弃，也不会找借口逃避。

阿德勒认为，乐观主义者的特征是“即使在困难的状况之下，也坚信能够弥补错误，并保持冷静”。

面对困难的课题难免有失败的时候。但此时乐观主义者认为“失败的话重新来过就可以了”，所以不会悲观，需要再次挑战的时候也不会犹豫。

人是因为害怕失败，才在挑战时犹豫不决。失败之后弄清楚“为什么会失败”，并且再尝试一次，这才有助于解决问题，是应对困难的正确姿态。

WORDS
OF
ALFRED
ADLER

56

失败是成功之母

失败绝对不会挫伤勇气，

应该把它作为新的课题去面对。

某企业的经营者是这样教导刚进公司的新人的，失败的时候要大声说“失败了”。这样一来，前辈或上司就会过来提供帮助，告诉新人：“这样做比较好”，虽然也有被说“笨蛋”的可能性。

为什么要这样教导呢？阿德勒认为，如果积极地应对失败而不隐瞒，失败就能成为成长的食粮。相反，隐瞒失败只会使问题变得更大，本人也会因为害怕失败而不敢进行下一次挑战。

阿德勒认为：“这样的教育十分重要：失败绝对不会挫伤勇气，应该把它作为新的课题去面对。”

悲观的人在没有取得预期成果时，会因为害怕被残酷的失败打击而懈怠努力。而乐观的人即使失败了，也会把它当作成长的启示，它告诉我们自己能做什么、不能做什么。

对于失败，错误的使用方式会挫伤人的勇气，而正确对待失败能极大地促进人的成长。

WORDS OF ALFRED ADLER 57

唯有从失败中获得成长

不与困难作斗争，便不能成长。

在人生需要直面的课题中，有相当一部分是困难的。如果有可能，我想大多数人都希望能避开这些困难。避开了困难，一切变得轻松了，人却无法成长了。

曾获诺贝尔物理学奖的小柴昌俊先生在初一的时候患上了小儿麻痹症，当时没有针对这种病的治疗方法，只能靠自己活动手脚慢慢恢复。

小柴觉得，如果以生病为借口什么都不做，最后只能变得动弹不得。于是他以自己的方式进行康复训练，比如花很长时间步行四千米去学校。在长期的坚持下，他最终治好了自己的病。

因为这段经历，他明白了“不顾一切”的认真可以改变自己的人生，这也成了他相信自己的底气。

阿德勒说：“不与困难作斗争，便不能成长。”阿德勒认为，在人生早期，学习如何看待失望和克服挫折是很重要的。

不仅仅是在人生的早期，无论到多少岁，人都能在挑战与失败、挫折与成功的经历中获得成长。

WORDS OF ALFRED ADLER

58

可怕的不是失败，而是逃避挑战

每个人都会犯错，

但重要的是能够修正错误。

人要是过于害怕失败，就会想要逃避工作、交友和爱这三大人生课题。但这样一来，就既无法解决这些课题，也无法获得人应有的成长。

如果挑战的课题很困难，失败是正常的。因为如果能够确保绝对成功的话，那就不是挑战了。

有些人说“失败是有意义的”。阿德勒认为，在失败和犯错的时候，通过自问“为什么会这样”，才能从失败中学习。所以阿德勒说：“每个人都会犯错，但重要的是能够修正错误。”

比如在孩子犯错的时候，重要的不是严厉的惩罚，而是失败之后如何教导他们。

教导他们如果伤害了别人，就要向对方道歉。好好告诉他们什么事能做，什么事不能做。还有弄坏了东西的时候，要担起尽力把东西恢复原状的责任。

重要的不是不失败，而是在失败的时候采取正确的行动，并且从失败中得到教训。

WORDS OF ALFRED ADLER

59

经历因赋予的意义而改变

我们不是被自己的经历所决定，

而是根据赋予经历的意义，

自己来决定的。

阿德勒心理学的特征之一是，认为人不是在同一个世界中生活的，而是在每个人“赋予意义”的世界中生活。比如年幼的时候，在有着相同悲惨经验的人当中，有些人会含恨度过余生，而有些人会心怀感激地活下去。

也就是说，就算人们有着相同的经历，但也会赋予其不同的意义而产生不一样的价值观，行为也会突然随之变化。

有个人在小学时代参加儿童会的副会长竞选时，什么都没有准备就上台演说，结果他表现得十分糟糕，最终因票数较少而落选。

一般来说，有过这样经历的人会变得胆怯，但这个人却会告诫自己“这样不准备的话，只能得到几票而已，以后我要……”，最后获得了巨大的成功。他的信条是，过去的事情已经无法改变，但可以改变的是事情的意义。阿德勒说：“我们不是被自己的经历所决定，而是根据赋予经历的意义，自己来决定的。”

无论是好的经历还是痛苦的经历，都会因为“赋予意义”的不同而发生巨大的变化。

WORDS OF ALFRED ADLER 60

怀有“失败的勇气”

只有活着的人才能犯这么多的错误。

阿德勒说："人生不是单纯的游戏，所以困难不会少。"

人只要活着，就会遇到很多困难。有因困难而失败受挫的时候，也有因克服困难而获得成长的时候。

如果人生就像手机游戏，即使失败了也可以重新来过，并且能通过阅读指南了解避免失败的方法，将错误控制在最小限度内，从而快速高效地得出结果，那当然是最好的。但事实上，人生不可能是这样的。

阿德勒可能认为，"正因如此，人生才精彩"。阿德勒在演讲中大致介绍了个体心理学的思考方式，然后对观众补充道："只有活着的人才能犯这么多的错误。"

人无完人，每个人都难免会经历很多失败，犯很多错误。但阿德勒认为，拥有"失败的勇气"和"改正错误的勇气"，人才能获得成长。人难免会犯错，但这也是成长的重要食粮。

WORDS OF ALFRED ADLER 61

伴随着责任的自由才能带来成长

习惯了按指示行事，

一旦被给予自由又不知如何是好。

可能受到“工作方式改革”和“办公室改革”的影响，最近，由自己选择“坐在哪里”的“自由位置制”越来越多。职工可以根据当天的工作内容和心情来选择座位，但也有人会因为“不知道该坐在哪里”而感到困惑。

如果是“坐在固定的位置上”就没有选择的必要，但如果是“自己选择”，就会因需要考虑很多事情而感到困惑。这只是一个小小的例子。当人们习惯了在固定的场所做固定的事情，以及听指示工作之后，突然从中解放的瞬间会产生巨大的疑惑。阿德勒这样说道：“从属于别人的时候准备很充分，可一旦获得自由却不知怎么做才好。”

有些人在从属于别人的时候，可以很好地按指示完成任务。一旦被告知“自由地去做吧”又会感到迷惑，不知道怎么办，也无法行动。与其失败，还不如照着别人说的去做。

自由伴随着责任，人只有独立思考并为自己的行动负责才能获得成长。

WORDS OF ALFRED ADLER

62

比起结果更注重过程

一边妨碍他们准备，

一边批评他们没有成就，

这是目光短浅的做法。

人们常常只关注“结果”，却忽略了“为什么没有结果”。准备不充分是没有结果的原因之一。

俗话说“八分规划”，为了取得成果，事前的准备非常重要。有人认为，只要做好充分的准备，就能保证 80% 的成功。相反，疏于准备就会导致失败。

阿德勒说：“如果被溺爱的小孩儿没有接受努力的训练，那么他在面对困难时就没有勇往直前的忍耐力，想要取得好成绩就会很难。”

阿德勒认为，批评这类孩子的行为是目光短浅的做法。因为批评者“一边妨碍他们准备，一边批评他们没有成就”。

不能因孩子取得的分数低就训斥他们，我们应该做的是教他们如何正确地做准备。对于在工作中经常失败的人、做不出结果的人，比起批评更重要的是告诉他们提前准备的重要性。

无论是对孩子还是对大人来说，竭尽所能做好准备，都会产生“我能做到”的自信。

WORDS OF ALFRED ADLER 63

困难因看法不同而发生变化

困难并不是无法克服的障碍，

而是需要面对并征服的课题。

无论是生活上还是工作上，对眼前困难的看法将对生活方式和工作成果产生很大的影响。

某大企业的创始人任命一位二十多岁的年轻员工担任一个困难项目的负责人。这个年轻员工越调查，就越发觉这个项目棘手无比。

困惑的年轻员工向创始人如实汇报了情况，创始人就带他去参加了一个会议，与这个项目相关的各个领域的负责人也都参会了。

创始人和年轻员工一起听取了有关这个项目的意见，很多人得出了“这一点很难办到”的意见。创始人对年轻员工说：“这下你知道要解决哪些问题了吧。”

对年轻员工来说，困难是“办不到的理由”，但对创始人来说是“只要这一点解决了，那肯定没问题”。

阿德勒说：“困难并不是无法克服的障碍，而是需要面对并征服的课题。”如果改变看问题的角度，看法就会有所不同。面对困难只要改变看法，它就不再是障碍，而是让自己成长的课题。

第七章

WORDS OF ALFRED ADLER

人只有怀有勇气才能成长

WORDS OF ALFRED ADLER 64

人需要挑战、失败，然后才能成长

勇气是指不完美的勇气、失败的勇气、揭露错误的勇气。

勇气是阿德勒心理学的核心词汇之一。勇气不是勇敢，而是“有勇气面对人生中常见的问题”。

阿德勒认为：“如果一个人拥有无限的勇气生活，他绝对不会逃避工作、交友或爱的课题。当然也会有失败的时候，但这并不意味着他会逃避问题。因为我们从失败中学习。勇气是指不完美的勇气、失败的勇气、揭露错误的勇气。”

如果能确保100%成功，挑战时就不需要勇气。但是，其中也会遇到困难，所以可能会有害怕失败的课题。这种时候，如果因为害怕失败、害怕别人的评价而逃避挑战，是不会有成长的。

重要的是：①自己也会失败的“不完美的勇气”；②从失败中学到很多东西从而成长的“失败的勇气”；③承认自己失败的“揭露错误的勇气”。拥有这三种勇气，人就能从失败中学习并获得成长。

WORDS OF ALFRED ADLER 65

不要把勇气与蛮勇和虚张声势混淆

真正的勇气是指有用的勇气。

为了挑战人生课题，从中多学一些东西并获得成长，勇气是必要的。但“有勇气”这个词也经常被误解。阿德勒说：“真正的勇气是指有用的勇气。”他把勇气分为“有用的勇气”和除此之外的其他勇气。勇气的修养在于不仅要培养前进之勇，也要注意培养退而守之勇。该生的时候生，该死的时候死。这才是真正的勇气。

人们常常把以命犯险，跳入死亡深渊的行为视作勇气。有时只有做好屈辱的心理准备活下去，这才是真正的勇气。

“勇气”经常被误解。重要的并不是无意义的蛮勇、虚张声势或狂妄自大，而是直面课题并为社会而活，这才是阿德勒所说的“有用的勇气”。

WORDS OF ALFRED ADLER 66

不要挫伤勇气，而应给予勇气

给予勇气不能像喂汤勺里的药一样。

面对人生课题时，如果本人没有勇气去解决，那么无论周围的人如何努力都无法解决问题。

如果这时能像大力水手吃菠菜一样，“给予勇气就像喂汤勺里的药一样”，就能变强大，那就再轻松不过了。但阿德勒断言“这种事做不到”。

归根结底，自己才是挑战人生课题的人，解决这个问题需要“本人的勇气”。不过，这也并不意味着周围的人就能袖手旁观。阿德勒认为，“给予勇气”的方法如下：①关注优点；②发现自己的价值；③增强自尊心；④不畏惧失败。他觉得这些方法很有效。

有人说勇气不是盲目的，而是发自内心的。确实，为了激发出勇气，本人必须有“要解决这个课题”的决心。因此，当周围的人面对课题却想要逃避的时候，重要的是不要打击他们的勇气，而是将勇气给予他们。

WORDS OF ALFRED ADLER 67

知识通过实践才能成为智慧

勇气只能在实践中学习。

有句话叫“在榻榻米上游泳”。意思是说，如果不进行实地演练，无论怎么在榻榻米上练习游泳，真正进入水中依旧什么都不会。

同样，教授工作方法的书籍有很多，在培训中也能学到很多，但一旦到了现场就会发现这些都没起到作用。

确实，工作所必需的能力大多是“人在工作中磨炼出来的”。同理，知识是由实践经验养成的真智慧。

阿德勒认为，为了应对人生的课题，勇气是不可或缺的，而在与他人的关系中学习勇气是非常有必要的。以孩子为例，他们可以通过结交年龄和能力相近的伙伴，获得共同体意识，从而积累能力和经验并获得勇气。

阿德勒认为：“勇气只能在实践中学习。社会的勇气和我们与他人的关系中的勇气是所有勇气的基础。”

人生的课题都与人际关系有关，而解决人际关系所需要的勇气，只有通过实践才能学到。

WORDS OF ALFRED ADLER 68

勇气可以人传人

勇气是可以传染的。

有句话说："热情可以人传人。"苹果公司的 Mac 团队在开发第一代苹果电脑时，充满了"创造改变世界的电脑"的热情，这种热情像引力一样聚集了优秀的人才，使完成这项庞大的工作成为可能。

阿德勒认为，和热情一样，勇气也是会传染的。

"勇气和合作只能从有勇气和合作精神的人身上学到，勇气和胆怯一样是会传染的。如果我们保持着自己的勇气，就可以帮助别人鼓足勇气。"

强烈的感情一般都具有很强的感染力。即使只有一个人充满热情，也会吸引被这股热情打动的人聚集在身边。勇气也是如此。

就算只有一个人，只要能正确地保持勇气，就能帮助他人学习勇气、拥有勇气，如此一来鼓起勇气行动的人就会聚集在一起。一个人的力量、一个人的热情、一个人的勇气，会出人意料地拥有巨大的力量。

WORDS OF ALFRED ADLER

69

把周围的人当作伙伴来信任

在教育中应该使用共鸣。

给予勇气是帮助人们拥有解决人生课题的信心，而惩罚则相反，会挫伤勇气。

阿德勒认为，如果父母或老师惩罚孩子，孩子就会悟出“大人强，孩子弱”的道理，确信“社会是敌对的，合作是不可能的”，也就不会想要为了别人而协力合作。

阿德勒说：“对孩子来说，责备和惩罚不会让他们有勇气与他人合作。孩子会认为别人都是自己的敌人。当然他们也会讨厌学校。有谁会喜欢受到谴责和惩罚的地方呢？”

苹果公司的创始人史蒂夫·乔布斯在小学四年级的时候遇到了心地善良的希尔老师。在老师的帮助下，他像变了个人一样，不再是调皮捣蛋的孩子，而是发现了自己的才能，并抓住了日后发达的契机。阿德勒的信念是“在教育中应该使用共鸣”。惩罚只会让人觉得周围的人都是“敌人”，使挑战人生的课题变得困难。无论是孩子还是大人，为了给予他们勇气，必须让他们把周围的人当作伙伴来信任。

WORDS OF ALFRED ADLER 70

“做到”比“知道”更重要

心理学不是一门一朝一夕就可以学会的科学，必须不断学习并实践。

“学习”、“了解”和“实践”之间总是存在着巨大的障碍，这并不限于阿德勒的心理学。读到或学到的时候，你会觉得“原来如此，阿德勒说得很有道理”，但真正实行起来却困难重重。面对棘手的课题，就会寻找各种“做不到的借口”。

阿德勒不认同体罚。因为他认为，孩子需要的是勇气，有了勇气，孩子就能做到很多事情。

但在实际的育儿过程中，孩子的态度稍微不好，家长就会立刻挥起手来。在工作中，上司也会对总是失败的下属说“你这个人真是……”，进行人格攻击。

阿德勒的研究者岸见一郎先生说：“我觉得阿德勒很不容易。虽然不是人生的大事，但每天的人际关系却也是对人生的考验。”正如阿德勒所说：“心理学不是一门一朝一夕就可以学会的科学，必须不断学习并实践。”

当你觉得“我知道这个”的时候，请扪心自问“能付诸实践吗”。

WORDS OF ALFRED ADLER 71

努力比结果更重要

成功与否都是根据结果来判断，
而不是看他们是否直面困难、
有克服困难的决心。

如果只根据结果来评价一个人，人们就会认为“只要结果好就行”，从而忽视过程，但如果比起结果更重视过程，那么好结果是可以经常再现的。

阿德勒认为，在商业活动中取得成功和成果是必要的，但如果无视过程，一味地追求“取得结果”，有时会助长不正当行为的滋生。

“拥有非比寻常的目标的孩子们会更容易遇到困难。因为一般来说，成功与否都是根据结果来判断，而不是看他们是否直面困难、有克服困难的决心。”

与其训练孩子树立非凡的目标，不如教育孩子“有勇气、有耐心、有自信，失败不该挫伤勇气，要把它作为新的课题去面对”来得更有意义。

不择手段的成功和随随便便的成功都绝对不会长久。重要的是掌握持续努力的能力、正确生活的能力、合作的能力以及面对困难的能力。

WORDS OF ALFRED ADLER 72

人生中也有“付出和再付出”

在得到支持和表扬的时候，

还能继续前进。

但是到了需要自己努力的时候，

勇气就会衰退，人也会退步。

每个人都渴望被表扬和认可，这是一种“认可需求”，但如果这种需求过于强烈，人生就会出现问题。

比如习惯了被溺爱和表扬的孩子，一旦得不到表扬，即使他知道这是应该做的事情也不会去做。

有的人难得做了一件好事却没有得到任何人的表扬，就会感到愤怒：“为什么我得不到认可”，“反正没有人认可我，我还有必要做第二次吗”。阿德勒对于这种行为评论道：“在得到支持和表扬的时候，还能继续前进。但是到了需要自己努力的时候，勇气就会衰退，人也会退步。”

但人生中有很多事情，即使得不到认可和表扬也必须做。比如不会立刻产生结果的工作。照顾父母不是因为想要“被表扬”，而是出于对父母的感谢。人生并不总是“付出和索要”，如果在“付出和再付出”的过程中也能切实感受到自己的成长和贡献，那就足够了。

WORDS OF ALFRED ADLER 73

比起短暂的成功，更追求永恒的成功

不能保证以正确的态度生活的人会马上成功，
但可以保证这样的人会一直保持勇气，
不失去自尊心。

每个人都以成功为目标，并都想学习“怎样才能成功”，但大多数人会教给我们通往成功的原则和法则，却不会教给我们以最短的距离、最少的精力取得成功的方法。

阿德勒乐观地说：“人可以成为任何样子”“大多数事情都能做到”，但这并不是说人一定会成功。

阿德勒说：“不能保证以正确的态度生活的人会马上成功，但可以保证这样的人会一直保持勇气，不失去自尊心。”

即使学习并掌握了共同体意识和合作，也不一定马上就能成功。但阿德勒认为，没有学习这些知识的人即使成功了，也不会给别人带来利益，成功也不会长久。相反，掌握了这些知识的人就能保持勇气，对人们有所贡献。

衡量人生成功的尺度各种各样。掌握了共同体意识和合作的人就算不能成为大富翁，也一定能通过贡献而获得很多人的喜爱，感到幸福。

WORDS OF ALFRED ADLER 74

跨越心的壁垒

我们会给自己设限，

并辩解说无法竭尽全力。

体育世界里有各种各样的“纪录之墙”。例如，在 100 米比赛中，虽然日本选手有“10 秒之墙”，但桐生祥秀刚跑出 9 秒多的成绩，就有选手紧随其后。像这样，当谁都无法跨越这堵墙的时候，大家都会认为“自己不行”，但只要有一个人跨越了这堵墙，那就不再是堵墙了。跨越障碍当然需要技术和能力，但更重要的是，在精神上将那堵墙视为“无法跨越的东西”还是“自己也能跨越的东西”，两者之间的差距非常大。

人会自己创造出这样的壁垒。阿德勒认为，人在面对看似困难的课题时，会认为“这超出了我的能力范围”并以此来回避课题。毕竟“给自己设限，就能为一开始就不做的行为辩解”。

创新之所以屡屡发生于“行业之外”，是因为他们没有多余的成见，能够坦然面对有经验的人认为“无法做到”的事情。不论做什么事都需要“比现在多一点的勇气”，而正是这种勇气让人超越界限，改变人生。

第八章

WORDS OF ALFRED ADLER

将他人视作伙伴，生活方式就会改变

WORDS OF ALFRED ADLER 75

将他人视为伙伴而非敌人

我们都是伙伴。

阿德勒所说“共同体意识”中的“共同体”，指的是自己所属的家庭、职场、社会、国家等一切，也指包括过去、现在、未来的整个宇宙。

阿德勒认为，这可以说是至今都无法达到的理想境界，需要为此付出努力。

人不是独自活着，而是生活在与他人的关系中，共同体意识要求我们把他人视为伙伴而不是敌人。阿德勒在作为军医参加第一次世界大战之后，产生了这种想法。

阿德勒在完成了很多痛苦的任务后，有一次在村里咖啡馆的小型集会上讲述战争的悲凉，批判奥地利政治。有人谴责他批判祖国的行为。于是阿德勒回答道：“我们都是伙伴。不管来自哪个国家，只要是有良知的人就是我们的伙伴。”

美好人生的基础正是把他人当作伙伴，并在共同体中找到自己的位置。视他人为“敌人”还是“伙伴”，对生活方式有很大的影响。

WORDS OF ALFRED ADLER 76

掌握合作的能力

为了解决人生课题，合作能力是必要的。

人很难独自生存，但是通过分工和合作，人类学会了齐心协力，从而促进了社会的发展。

但阿德勒认为，合作能力不是遗传下来的，而是在锻炼中逐渐掌握的。就像对于没有学过地理的孩子，没有人会期待他在地理考试中取得高分一样，没有接受过合作训练的人，也无法解决需要合作的课题。

婚前关系很好的二人一旦结婚，妻子就会发现丈夫并不协助自己做家务或带孩子，于是通常会出现关系不和谐的情况。很多情况下，这是因为双方对“协助”的观点不同。

尽管如此，既然已经结婚了，需要两个人合作解决的课题就有很多，所以学习克服想法差异的“合作能力”是非常有必要的。

正如阿德勒所说，“为了解决人生课题，合作能力是必要的”。这不仅是一个人的学习，有时是两个人，甚至是一个团队的学习。

WORDS OF ALFRED ADLER 77

成功之人“无我”

从公共利益、全体幸福的观点出发，

几乎不会有难以抉择的情况。

当公司利益和社会利益相冲突的时候，或者个人利益和社会利益相冲突的时候，应该选择哪一个呢？

阿德勒举了战争中指挥官的例子。在战争中军人已经损失了一半，指挥官却还要把成千上万的士兵赶上战场。

为了国家利益，指挥官想用尽最后的一兵一卒，但对于一个肩负着许多人生命的指挥官来说，这样的判断是正确的吗？

阿德勒认为在这种情况下，应该以“公共的利益和全体幸福的大局”为前提，对这种行为坚决地说“不是”。理由如下：“为了作出正确的判断，需要大家普遍认同的观点，即为了公共利益、全体幸福。如果从这个观点出发，几乎不会有难以抉择的情况。”

人们在决定“做”某件事的时候，会绞尽脑汁想出一些有利的理由作为支撑，但也有必要考虑这些理由是否真的有利于公共利益和整体的幸福。阿德勒认为，在不知如何下结论的时候，应该“考虑更大的共同体的利益”。

WORDS OF ALFRED ADLER 78

将理所当然的事贯彻到底

我一直想让心理学变得简单。

有些人把困难的事情说得晦涩难懂，想以此提高自己的权威。但真正智慧的人具备能将困难的事情简单易懂地表达出来的能力。阿德勒授课时平易近人，不使用专业术语。

也正因为如此，期待阿德勒是“苏格拉底那样的天才”的人会感到“深深的失望”。或者，有些人听了演讲后会说：“今天说的话不都是常识（common sense）吗？”这时，阿德勒会平静地回答：“常识有何不好？”

对于推崇复杂和奇异事物的风潮，他说：“这就像讲故事一样，善良之人的故事读起来不怎么有趣，但讲刻薄恶人的故事，反而有时能赢得读者的心。”

阿德勒说：“我一直想让心理学变得简单。”他能把晦涩难懂的东西讲得通俗易懂。与此同时，他也认为“将理所当然的事情理所当然地贯彻到底”才是最重要的。

在工作和交流中，重要的是“把难的事情变得容易，把容易的事情变得更简单”这一点。

WORDS OF ALFRED ADLER 79

共通感觉并不是由多数人决定的

共识不一定是常识或大多数人的想法。

阿德勒认为:“人不是一个人活在世上，而是和其他人共同生活，只有互相合作才能活得更好。”

阿德勒认为既然要在这样的共同体中生活，“就不能使用只有自己能理解的语言，而必须使用语言、逻辑和共识与他人交流”。

阿德勒非常重视共识，他认为没有共识的人就是以自我为中心的人，这样的人是无法与他人进行交流的。这里需要注意的是，共识并不等于一般的“大众的思考和常识”。

阿德勒认为，即使是“世间的常识”“多数人支持的想法”，也不能直接成为“共识”。有时必须对多数人的意见毅然决然地说“不”。

WORDS OF ALFRED ADLER 80

他人的帮助是好意，而不是义务

向他人求援没错，

但要明白他人的帮助是好意而不是义务。

阿德勒认为，在娇生惯养的环境中长大的两个人结婚后，虽然两个人都想“被娇生惯养”，自己却不想成为施加“溺爱”的一方。不想为别人作贡献，却希望别人为自己作贡献。

即使是能靠自己的力量解决的事情，这些人也会从一开始就倾向于寻求他人的帮助，阿德勒把这种人称为“榨取他人共同体意识的人”。

因为养育孩子很辛苦，所以拜托住在附近的父母“帮我带孩子”。平常会得到父母的帮助，一旦遭到拒绝就生气地说“为什么不帮我”。自己忙着加班的时候，一旦平时会说“要帮忙吗”的同事说“今天有点事”，他就又恼怒了。

这种时候如果是自己无法做到的事情，向他人求助并没有错，但重要的是要反思“被求助的人伸出援手是出于好意，但并不是义务”。虽然听起来有些苛刻，但世界不会认可只会等待被给予、把被给予看作理所当然的人。

参考文献一览

1.《个体心理学讲义》

［奥］阿尔弗雷德·阿德勒著，岸见一郎译，ARUTE 出版社

2.《性格心理学》

［奥］阿尔弗雷德·阿德勒著，岸见一郎译，ARUTE 出版社

3.《生活的意义》

［奥］阿尔弗雷德·阿德勒著，岸见一郎译，ARUTE 出版社

4.《如何恢复勇气》

［奥］阿尔弗雷德·阿德勒著，岸见一郎译、注释，ARUTE 出版社

5.《人格如何发展》

［奥］阿尔弗雷德·阿德勒著，岸见一郎译、注释，ARUTE 出版社

6.《如何成就恋爱》

［奥］阿尔弗雷德·阿德勒著，岸见一郎译、注释，ARUTE出版社

7.《儿童的教育》

［奥］阿尔弗雷德·阿德勒著，岸见一郎译，一光社

8.《人生的动力：个体心理学之父阿德勒的一生》

［美］爱德华·霍夫曼著，岸见一郎译，金子书房

9.《阿德勒跨过人生的心理学》

［日］岸见一郎著，NHK 图书

10.《阿德勒心理学入门》

［日］岸见一郎著，BEST 新书

11.《困惑时的阿德勒心理学》

［日］岸见一郎著，中公新书 LAKURE

12.《改变人生的勇气》

［日］岸见一郎著，中公新书 LAKURE

注：岸见一郎是日本阿德勒研究的第一人，笔者从中受益颇多。

附录　阿德勒箴言

序号	箴言
1	不要考虑别人是否帮忙，你自己应该行动起来。
2	如果画一条线时，眼睛没有盯着终点，最后不可能画好。
3	人生蕴藏着无数挑战，这对我们来说何尝不是一种幸运。
4	通过对社会作贡献，来实现自我的目标。
5	这个世界是我的世界，不要等待，不要期待，必须自己行动起来。
6	只有好的意图是不够的。
7	犹豫不决的人会一直犹豫着，最后什么都做不好。
8	我只想问，你想怎样落实你所作出的选择。

（续表）

序号	箴言
9	人生中重要的是，认真对待自己的问题，并为解决他人的问题作出贡献。
10	能否获得成功和幸福很大程度在于设定的目标。
11	每个人都有自己的生活方式，只要通过交谈，让其回答问题，就能预测他的未来。
12	往上追溯到第五代有64个祖先，一定能在其中找到有能力的人。
13	意识到小时候人生战略的错误，并加以改变，才能成长起来。
14	任何经历本身都不是成功或失败的原因。
15	“如果”是人生的谎言和虚构。
16	赋予他人勇气，通过训练，让其不再犹豫。
17	懒惰中隐藏着能力不足的问题。
18	为了坚定决心，人们才制造出梦境。
19	命运论是一种虚假的支撑。
20	在做梦和深思熟虑的时候，时间就会逝去。
21	分类是可以利用的。但不能忘记的是，即使类型相同，每个人也是与众不同的。

（续表）

序号	箴言
22	一切的烦恼，都属于人际关系的课题。
23	愤怒是一种让人与人之间产生隔阂的情绪。
24	要想和睦相处，就必须把彼此作为平等的人来对待。
25	完成“三个课题”的人，才能顺利地度过人生。
26	赏罚必须针对成功或失败的行为，而不能针对人格。
27	用他人的眼睛去看，用他人的耳朵去听，用他人的心去感受。
28	在组织良好的社会中，人们可以相互弥补能力的不足。
29	好朋友是不怕惹怒对方的。
30	与雨作斗争是白费功夫，不要把宝贵的时间浪费在与雨作斗争上。
31	以不擅长为理由逃避英语演讲，就相当于逃避人生的课题。
32	就算他人比你优秀也不要担心。
33	不通过自己的成就，而通过贬低他人的价值来体现自己的卓越，这是软弱的征兆。
34	不是感到“羡慕”，而是“眼红”的嫉妒之心，对人生是没有益处的。
35	才能并不是单由遗传决定的，而是由勇气和训练所决定。

（续表）

序号	箴言
36	最大的问题在于低估自己，感觉自己“追不上了”，进而放弃。
37	如果比起“实际上是怎样的”，更在意“别人会怎么想”，那将会轻易地迷失自我。
38	人只有相信自己有价值，才会鼓起勇气。
39	任何人都知道溺爱影响成长。尽管如此，谁都乐意成为溺爱的对象。
40	虚荣心会妨碍人类一切自由的成长。
41	虚荣心特别明显的人自我评价较低。
42	科学的进步基于“不知道”的自卑感和“想知道更多”的优越性追求。
43	拥有极大的优越感，认为自己什么都能做到的人，什么都不想学习。
44	人因为贪欲不愿奉献，却会为了保护微薄的财产而在自己周围筑起高墙。
45	任何人都可以做成任何事。
46	重要的不是你被赋予了什么，而是怎样运用你被赋予的东西。
47	大部分没有经过努力而获得的成功都难以存续。
48	不应该扼杀自立心。
49	大多数人都能走得比现在更远。

（续表）

序号	箴言
50	最大的帮助就是“让他们对自己的能力有自信”。
51	必须放弃法官的角色，发挥同伴和医生的作用。
52	生存即进步。
53	即使现在是困难的，未来也不一定会困难。未来是可以改变的。
54	以进步为目标努力下去，比探索过去的乐园更好。
55	即使在困难的状况下，乐观主义者也坚信能够弥补错误，并保持冷静。
56	失败绝对不会挫伤勇气，应该把它作为新的课题去面对。
57	不与困难作斗争，便不能成长。
58	每个人都会犯错，但重要的是能够修正错误。
59	我们不是被自己的经历所决定，而是根据赋予经历的意义，自己来决定的。
60	只有活着的人才能犯这么多的错误。
61	习惯了按指示行事，一旦被给予自由又不知如何是好。
62	一边妨碍他们准备，一边批评他们没有成就，这是目光短浅的做法。
63	困难并不是无法克服的障碍，而是需要面对并征服的课题。
64	勇气是指不完美的勇气、失败的勇气、揭露错误的勇气。
65	真正的勇气是指有用的勇气。

（续表）

序号	箴言
66	给予勇气不能像喂汤勺里的药一样。
67	勇气只能在实践中学习。
68	勇气是可以传染的。
69	在教育中应该使用共鸣。
70	心理学不是一门一朝一夕就可以学会的科学，必须不断学习并实践。
71	成功与否都是根据结果来判断，而不是看他们是否直面困难、有克服困难的决心。
72	在得到支持和表扬的时候，还能继续前进。但是到了需要自己努力的时候，勇气就会衰退，人也会退步。
73	不能保证以正确的态度生活的人会马上成功，但可以保证这样的人会一直保持勇气，不失去自尊心。
74	我们会给自己设限，并辩解说无法竭尽全力。
75	我们都是伙伴。
76	为了解决人生课题，合作能力是必要的。
77	从公共利益、全体幸福的观点出发，几乎不会有难以抉择的情况。
78	我一直想让心理学变得简单。
79	共识不一定是常识或大多数人的想法。
80	向他人求援没错，但要明白他人的帮助是好意而不是义务。

精进笔记

精进笔记

精进笔记

精进笔记